화엄경 제16권 해설

제16권은 수미산정품(須彌山頂品), 수미정상게찬품(須彌頂上偈讚品), 그리고 십주품(十住品)이 들어있다.

수미산정품에서는 부처님께서 보리수 밑을 여의지 않고 수미산정에 올라가니 제석천왕이 자리를 마련하고 "이곳이 옛날 가섭여래·구나함·비사부·시기 등 여러 부처님들이 오셔서 앉았던 곳이므로 매우 길상한 곳이라" 칭찬하고 자리를 권하니 부처님께서 묘승전에 들어가 앉았다. 이 글이 pp.1~12까지다.

수미정상게찬품에서는 10불 세계 미진수 세계에서 오신 10혜(慧) 보살들이 각기 자기가 온 방향을 따라 앉아 자기 세계 부처님 이름으로 문안한 뒤 부처님의 족지광(足指光)을 받고 순서적으로 찬양한다.

먼저 법혜보살이 찬송하니(pp.17~20), 일체혜(pp.20~26), 공적혜(pp.26~29), 정진혜(pp.30~32), 선혜(pp.33~35), 지혜(pp.36~36), 진실혜(pp.39~42), 무상혜(pp.42~45p), 견고혜(pp.45~48) 보살님들이 계속해서 게송으로 찬양하였다.

10주품은 법혜보살이 부처님의 위신력으로 무량방편삼매에 들어(49p) 3세 시방제불이 함께 가르치셨던 10주법을 설하고 낱낱이 그에 대해 설한 다음(pp.54~86) 게송을 읊는다. (pp.86~143)

① 發心住 ② 治地住 ③ 修行住 ④ 生貴住 ⑤ 具足方便住
⑥ 正心住 ⑦ 不退住 ⑧ 童眞住 ⑨ 法王子住 ⑩ 灌頂住

昇須彌山頂品 第十三
(승수미산정품 제십삼)

爾時如來威神力故十方
(이시여래위신력고시방)

一切世界一一四天下閻浮
(일체세계일일사천하염부)

提中悉見如來坐於樹下各
(제중실견여래좌어수하각)

有菩薩承佛神力而演說法
(유보살승불신력이연설법)

靡不自謂恒對於佛
(미부자위항대어불)

爾時世尊不離一切菩提
(이시세존불리일체보리)

사경의 공덕은 십만억 부처님께 공양한 것과 같은 공덕이 있습니다.

樹下而上昇須彌向帝釋殿
수하이상승수미향제석전

時天帝釋在妙勝殿前遙
시천제석재묘승전전요

見佛來
견불래

卽以神力莊嚴此殿置普
즉이신력장엄차전치보

光明藏師子之座其座悉以
광명장사자지좌기좌실이

妙寶所成十千層級逈極莊
묘보소성십천층급형극장

嚴十千金網彌覆其上十千
엄십천금망미부기상십천

사경의 공덕은 십만억 부처님께 공양한 것과 같은 공덕이 있습니다.

種종帳장十십千천種종蓋개周주迴회間간列렬十십
千천繒증綺기以이爲위垂수帶대十십千천珠주瓔영
周주徧변交교絡락十십千천衣의服복敷부布포座좌
上상十십千천天천子자十십千천梵범王왕前전後후
圍위遶요十십千천光광明명而이爲위照조耀요
爾이時시帝제釋석奉봉爲위如여來래敷부置치
座좌已이曲곡躬궁合합掌장恭공敬경向향佛불而이

作是言善來世尊善來善逝
작시언선래세존선래선서

善來如來應正等覺唯願哀
선래여래응정등각유원애

愍處此宮殿
민처차궁전

爾時世尊即受其請入妙
이시세존즉수기청입묘

勝殿十方一切諸世界中悉
승전시방일체제세계중실

亦如是
역여시

爾時帝釋以佛神力諸宮
이시제석이불신력제궁

殿中所有樂音自然止息卽

自憶念過去佛所種諸善根

而說頌言

迦葉如來具大悲

諸吉祥中最無上

彼佛曾來入此殿

是故此處最吉祥

拘那牟尼見無礙 (구나모니견무애)
諸吉祥中最無上 (제길상중최무상)
彼佛曾來入此殿 (피불증래입차전)
是故此處最吉祥 (시고차처최길상)
迦羅鳩馱如金山 (가라구타여금산)
諸吉祥中最無上 (제길상중최무상)
彼佛曾來入此殿 (피불증래입차전)

是故此處最吉祥
시고차처최길상

毘舍浮佛無三垢
비사부불무삼구

諸吉祥中最無上
제길상중최무상

彼佛曾來入此殿
피불증래입차전

是故此處最吉祥
시고차처최길상

尸棄如來離分別
시기여래리분별

諸吉祥中最無上
제길상중최무상

彼佛曾來入此殿
피불증래입차전

是故此處最吉祥
시고차처최길상

毘婆尸佛如滿月
비바시불여만월

諸吉祥中最無上
제길상중최무상

彼佛曾來入此殿
피불증래입차전

是故此處最吉祥
시고차처최길상

弗沙明達第一義
불사명달제일의

諸吉祥中最無上
彼佛曾來入此殿
是故此處最吉祥
提舍如來辯無礙
諸吉祥中最無上
彼佛曾來入此殿
是故此處最吉祥

사경의 공덕은 십만억 부처님께 공양한 것과 같은 공덕이 있습니다.

波頭摩佛淨無垢
파두마불정무구

諸吉祥中最無上
제길상중최무상

彼佛曾來入此殿
피불증래입차전

是故此處最吉祥
시고차처최길상

然燈如來大光明
연등여래대광명

諸吉祥中最無上
제길상중최무상

彼佛曾來入此殿
피불증래입차전

是故此處最吉祥
(시고차처최길상)

如此世界中忉利天王以
(여차세계중도리천왕이)

如來神力故偈讚十佛所有
(여래신력고게찬십불소유)

功德十方世界諸釋天王悉
(공덕시방세계제석천왕실)

亦如是讚佛功德
(역여시찬불공덕)

爾時世尊入妙勝殿結跏
(이시세존입묘승전결가)

趺坐此殿忽然廣博寬容如
(부좌차전홀연광박관용여)

其(기)天(천)衆(중)諸(제)所(소)住(주)處(처)十(시)方(방)世(세)界(계)

悉(실)亦(역)如(여)是(시)

須(수)彌(미)頂(정)上(상)偈(게)讚(찬)品(품) 第(제)十(십)四(사)

爾(이)時(시)佛(불)神(신)力(력)故(고)十(시)方(방)各(각)有(유)

一(일)大(대)菩(보)薩(살)一(일)一(일)各(각)與(여)佛(불)刹(찰)微(미)

塵(진)數(수)菩(보)薩(살)俱(구)從(종)百(백)佛(불)刹(찰)微(미)塵(진)

數國土外諸世界中而來集

會

其名曰法慧菩薩一切慧

菩薩勝慧菩薩功德慧菩薩

精進慧菩薩善慧菩薩智慧

菩薩眞實慧菩薩無上慧菩

薩堅固慧菩薩

사경의 공덕은 십만억 부처님께 공양한 것과 같은 공덕이 있습니다.

所(소)從(종)來(래)土(토)所(소)謂(위)因(인)陀(다)羅(라)華(화)

世(세)界(계)波(파)頭(두)摩(마)華(화)世(세)界(계)寶(보)華(화)世(세)

界(계)優(우)鉢(발)羅(라)華(화)世(세)界(계)金(금)剛(강)華(화)世(세)

界(계)妙(묘)香(향)華(화)世(세)界(계)悅(열)意(의)華(화)世(세)界(계)

阿(아)盧(로)那(나)華(화)世(세)界(계)那(나)羅(라)陀(타)華(화)世(세)

界(계)虛(허)空(공)華(화)世(세)界(계)各(각)於(어)佛(불)所(소)淨(정)

修(수)梵(범)行(행)所(소)謂(위)殊(수)特(특)月(월)佛(불)無(무)盡(진)

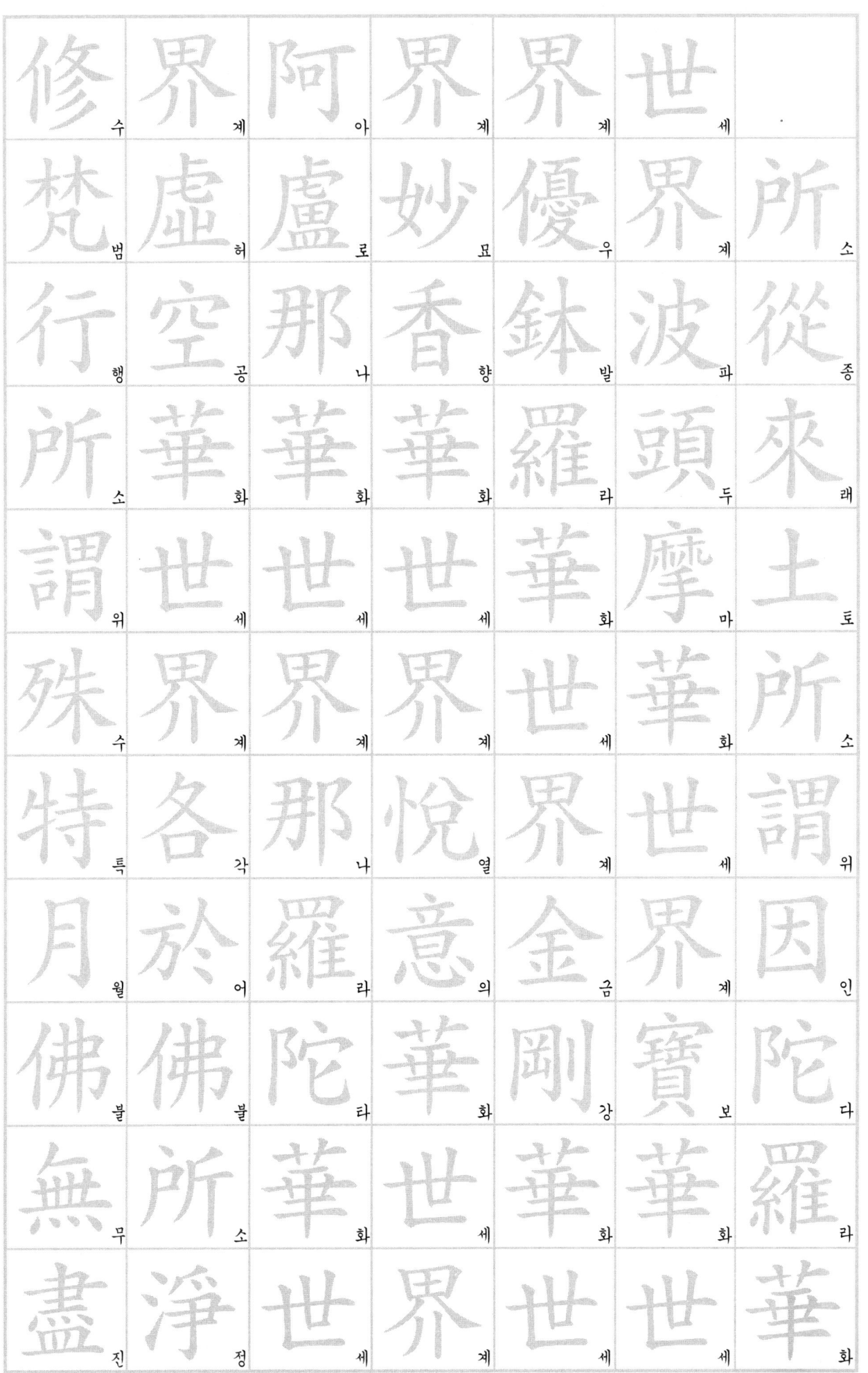

月(월)佛(불)不(부)動(동)月(월)佛(불)風(풍)月(월)佛(불)水(수)月(월)
佛(불)解(해)脫(탈)月(월)佛(불)無(무)上(상)月(월)佛(불)星(성)宿(수)
月(월)佛(불)淸(청)淨(정)月(월)佛(불)明(명)了(료)月(월)佛(불)
是(시)諸(제)菩(보)薩(살)至(지)佛(불)所(소)已(이)頂(정)禮(례)
佛(불)足(족)隨(수)所(소)來(래)方(방)各(각)化(화)作(작)毘(비)盧(로)
遮(자)那(나)藏(장)師(사)子(자)之(지)座(좌)於(어)其(기)座(좌)上(상)
結(결)跏(가)趺(부)坐(좌)

如(여)此(차)世(세)界(계)中(중)須(수)彌(미)頂(정)上(상)菩(보)
薩(살)來(래)集(집)一(일)切(체)世(세)界(계)悉(실)亦(역)如(여)是(시)
彼(피)諸(제)菩(보)薩(살)所(소)有(유)名(명)字(자)世(세)界(계)佛(불)
號(호)悉(실)等(등)無(무)別(별)
爾(이)時(시)世(세)尊(존)從(종)兩(량)足(족)指(지)放(방)百(백)
千(천)億(억)妙(묘)色(색)光(광)明(명)普(보)照(조)十(시)方(방)一(일)
切(체)世(세)界(계)須(수)彌(미)頂(정)上(상)帝(제)釋(석)宮(궁)中(중)

사경의 공덕은 십만억 부처님께 공양한 것과 같은 공덕이 있습니다.

佛及大衆 靡不皆現
불급대중 미불개현

爾時 法慧菩薩 承佛威神 普觀十方 而說頌曰
이시 법혜보살 승불위신 보관시방 이설송왈

佛放淨光明 普見世導師
불방정광명 보견세도사

須彌山王頂 妙勝殿中住
수미산왕정 묘승전중주

一切釋天王 請佛入宮殿
일체석천왕 청불입궁전

悉以十妙頌 稱讚諸如來
실이십묘송 칭찬제여래

彼諸大會中 피제대회중
皆從十方至 개종시방지
彼會諸菩薩 피회제보살
所從諸世界 소종제세계
本國諸世尊 본국제세존
各於其佛所 각어기불소
佛子汝應觀 불자여응관

所有菩薩衆 소유보살중
化座而安坐 화좌이안좌
皆同我等名 개동아등명
名字亦如是 명자역여시
名號悉亦同 명호실역동
淨修無上行 정수무상행
如來自在力 여래자재력

一切閻浮提 일체염부제
我等今見佛 아등금견불
十方悉亦然 시방실역연
一一世界中 일일세계중
依於如是願 의어여시원
佛以種種身 불이종종신
法界無所礙 법계무소애

皆言佛在中 개언불재중
住於須彌頂 주어수미정
如來自在力 여래자재력
發心求佛道 발심구불도
修習菩提行 수습보리행
遊行徧世間 유행변세간
無能測量者 무능측량자

慧光恒普照世暗悉除滅
혜광항보조세암실제멸

一切無等倫云何可測知
일체무등륜운하가측지

爾時一切慧菩薩承佛威
이시일체혜보살승불위

力普觀十方而說頌言
력보관시방이설송언

假使百千劫常見於如來
가사백천겁상견어여래

不依眞實義而觀救世者
불의진실의이관구세자

是人取諸相增長癡惑網
시인취제상증장치혹망

繫縛生死獄 계박생사옥
觀察於諸法 관찰어제법
如其生滅相 여기생멸상
一切法無生 일체법무생
若能如是解 약능여시해
法性本空寂 법성본공적
性空即是佛 성공즉시불

盲冥不見佛 맹명불견불
自性無所有 자성무소유
但是假名說 단시가명설
一切法無滅 일체법무멸
諸佛常現前 제불상현전
無取亦無見 무취역무견
不可得思量 불가득사량

若知一切法 體性皆如是
약지일체법 체성개여시

斯人則不爲 煩惱所染著
사인즉불위 번뇌소염착

凡夫見諸法 但隨於相轉
범부견제법 단수어상전

不了法無相 以是不見佛
불료법무상 이시불견불

牟尼離三世 諸相悉具足
모니리삼세 제상실구족

住於無所住 普徧而不動
주어무소주 보변이부동

我觀一切法 皆悉得明了
아관일체법 개실득명료

今見於如來 (금견어여래)
決定無有疑 (결정무유의)

法慧先已說 (법혜선이설)
如來眞實性 (여래진실성)

我從彼了知 (아종피료지)
菩提難思議 (보리난사의)

爾時勝慧菩 (이시승혜보)
薩承佛威力 (살승불위력)

普觀十方而說 (보관시방이설)
頌言 (송언)

如來大智慧 (여래대지혜)
希有無等倫 (희유무등륜)

一切諸世間 (일체제세간)
思惟莫能及 (사유막능급)

사경의 공덕은 십만억 부처님께 공양한 것과 같은 공덕이 있습니다.

凡夫妄觀察 取相不如理
범부망관찰 취상불여리

佛離一切相 非彼所能見
불리일체상 비피소능견

迷惑無知者 妄取五蘊相
미혹무지자 망취오온상

不了彼眞性 是人不見佛
불료피진성 시인불견불

了知一切法 自性無所有
요지일체법 자성무소유

如是解法性 則見盧舍那
여시해법성 즉견로사나

因前五蘊故 後蘊相續起
인전오온고 후온상속기

於此性了知 (어차성료지)
譬如暗中寶 (비여암중보)
佛法無人說 (불법무인설)
亦如目有翳 (역여목유예)
如是不淨心 (여시부정심)
又如明淨日 (우여명정일)
無有智慧心 (무유지혜심)

見佛難思議 (견불난사의)
無燈不可見 (무등불가견)
雖慧莫能了 (수혜막능료)
不見淨妙色 (불견정묘색)
不見諸佛法 (불견제불법)
瞽者莫能見 (고자막능견)
終不見諸佛 (종불견제불)

사경의 공덕은 십만억 부처님께 공양한 것과 같은 공덕이 있습니다.

若能除眼翳 捨離於色想
약능제안예 사리어색상

不見於諸法 則得見如來
불견어제법 즉득견여래

一切慧先說 諸佛菩提法
일체혜선설 제불보리법

我從於彼聞 得見盧舍那
아종어피문 득견로사나

爾時功德慧菩薩承佛威力普觀十方而說頌言
이시공덕혜보살승불위력보관시방이설송언

諸法無眞實 妄取眞實相
제법무진실 망취진실상

是故諸凡夫 (시고제범부)
言詞所說法 (언사소설법)
是故生障礙 (시고생장애)
不能了自心 (불능료자심)
彼由顚倒慧 (피유전도혜)
不見諸法空 (불견제법공)
斯人未能有 (사인미능유)

輪廻生死獄 (윤회생사옥)
小智妄分別 (소지망분별)
不了於自心 (불료어자심)
云何知正道 (운하지정도)
增長一切惡 (증장일체악)
恒受生死苦 (항수생사고)
淸淨法眼故 (청정법안고)

我昔受衆苦
아석수중고

故當淨法眼
고당정법안

若得見於佛
약득견어불

此人則能見
차인즉능견

若見佛眞淨
약견불진정

斯人有淨眼
사인유정안

無見卽是見
무견즉시견

由我不見佛
유아불견불

觀其所應見
관기소응견

其心無所取
기심무소취

如佛所知法
여불소지법

則名大智者
즉명대지자

能觀察世間
능관찰세간

能見一切法
능견일체법

於(어)法(법)若(약)有(유)見(견) 此(차)則(즉)無(무)所(소)見(견)
一(일)切(체)諸(제)法(법)性(성) 無(무)生(생)亦(역)無(무)滅(멸)
奇(기)哉(재)大(대)導(도)師(사) 自(자)覺(각)能(능)覺(각)他(타)
勝(승)慧(혜)先(선)已(이)說(설) 如(여)來(래)所(소)悟(오)法(법)
我(아)等(등)從(종)彼(피)聞(문) 能(능)知(지)佛(불)眞(진)性(성)
爾(이)時(시)精(정)進(진)慧(혜) 菩(보)薩(살)承(승)佛(불)威(위)
力(력)觀(관)察(찰)十(시)方(방)而(이) 說(설)頌(송)言(언)

若住於分別 (약주어분별)
愚癡邪見增 (우치사견증)
若能了邪法 (약능료사법)
知妄本自眞 (지망본자진)
有見則爲垢 (유견즉위구)
遠離於諸見 (원리어제견)
世間言語法 (세간언어법)

則壞清淨眼 (즉괴청정안)
永不見諸佛 (영불견제불)
如實不顚倒 (여실부전도)
見佛則清淨 (견불즉청정)
此則未爲見 (차즉미위견)
如是乃見佛 (여시내견불)
衆生妄分別 (중생망분별)

사경의 공덕은 십만억 부처님께 공양한 것과 같은 공덕이 있습니다.

知世皆無生 지세개무생
若見見世間 약견견세간
如實等無異 여실등무이
若見等無異 약견등무이
是見離諸惑 시견리제혹
諸佛所開示 제불소개시
是悉不可得 시실불가득

乃是見世間 내시견세간
見則世間相 견즉세간상
此名眞見者 차명진견자
於物不分別 어물불분별
無漏得自在 무루득자재
一切分別法 일체분별법
彼性淸淨故 피성청정고

法性本清淨 如空無有相
법성본청정 여공무유상

一切無能說 智者如是觀
일체무능설 지자여시관

遠離於法想 不樂一切法
원리어법상 불락일체법

此亦無所修 能見大牟尼
차역무소수 능견대모니

如德慧所說 此名見佛者
여덕혜소설 차명견불자

所有一切行 體性皆寂滅
소유일체행 체성개적멸

爾時善慧菩薩承佛威力
이시선혜보살승불위력

普觀十方而說頌言
보관시방이설송언

希有大勇健 無量諸如來
희유대용건 무량제여래

離垢心解脫 自度能度彼
이구심해탈 자도능도피

我見世間燈 如實不顛倒
아견세간등 여실부전도

如於無量劫 積智者所見
여어무량겁 적지자소견

一切凡夫行 莫不速歸盡
일체범부행 막불속귀진

其性如虛空 故說無有盡
기성여허공 고설무유진

智者說無盡
지자설무진

自性無盡故
자성무진고

所說無盡中
소설무진중

知衆生性爾
지중생성이

無見說爲見
무견설위견

若見若衆生
약견약중생

能見及所見
능견급소견

此亦無所說
차역무소설

得有難思盡
득유난사진

無衆生可得
무중생가득

則見大名稱
즉견대명칭

無生說衆生
무생설중생

了知無體性
요지무체성

見者悉除遣
견자실제견

不壞於眞法 (불괴어진법)
若人了知佛 (약인료지불)
則能照世間 (즉능조세간)
正覺善開示 (정각선개시)
精進慧大士 (정진혜대사)
若有若無有 (약유약무유)
如是能見佛 (여시능견불)

此人了知佛 (차인료지불)
及佛所說法 (급불소설법)
如佛盧舍那 (여불로사나)
一法淸淨道 (일법청정도)
演說無量法 (연설무량법)
彼想皆除滅 (피상개제멸)
安住於實際 (안주어실제)

爾時智慧菩薩承佛威力
이시지혜보살승불위력

普觀十方而說頌言
보관시방이설송언

我聞最勝教 卽生智慧光
아문최승교 즉생지혜광

普照十方界 悉見一切佛
보조시방계 실견일체불

此中無少物 但有假名字
차중무소물 단유가명자

若計有我人 則爲入險道
약계유아인 즉위입험도

諸取著凡夫 計身爲實有
제취착범부 계신위실유

如來非所取 여래비소취
此人無慧眼 차인무혜안
於無量劫中 어무량겁중
有諍說生死 유쟁설생사
生死及涅槃 생사급열반
若逐假名字 약축가명자
此人不如實 차인불여실

彼終不得見 피종부득견
不能得見佛 불능득견불
流轉生死海 유전생사해
無諍卽涅槃 무쟁즉열반
二俱不可得 이구불가득
取著此二法 취착차이법
不知聖妙道 부지성묘도

若生如是想 약생여시상
顚倒非實義 전도비실의
能知此實體 능지차실체
則見正覺尊 즉견정각존
言語說諸法 언어설제법
平等乃能見 평등내능견
正覺過去世 정각과거세

此佛此最勝 차불차최승
不能見正覺 불능견정각
寂滅眞如相 적멸진여상
超出語言道 초출어언도
不能顯實相 불능현실상
如法佛亦然 여법불역연
未來及現在 미래급현재

永(영)斷(단)分(분)別(별)根(근)
是(시)故(고)說(설)名(명)佛(불)

爾(이)時(시)眞(진)實(실)慧(혜)菩(보)薩(살)承(승)佛(불)威(위)力(력)普(보)觀(관)十(시)方(방)而(이)說(설)頌(송)言(언)

寧(영)受(수)地(지)獄(옥)苦(고)
得(득)聞(문)諸(제)佛(불)名(명)
不(불)受(수)無(무)量(량)樂(락)
而(이)不(불)聞(문)佛(불)名(명)
所(소)以(이)於(어)往(왕)昔(석)
無(무)數(수)劫(겁)受(수)苦(고)
流(유)轉(전)生(생)死(사)中(중)
不(불)聞(문)佛(불)名(명)故(고)

於法不顚倒 어법부전도
離諸和合相 이제화합상
現在非和合 현재비화합
一切法無相 일체법무상
若能如是觀 약능여시관
則見一切佛 즉견일체불
於實見眞實 어실견진실

如實而現證 여실이현증
是名無上覺 시명무상각
去來亦復然 거래역부연
是則佛眞體 시즉불진체
諸法甚深義 제법심심의
法身眞實相 법신진실상
非實見不實 비실견부실

如是究竟解
여시구경해

佛法不可覺
불법불가각

諸佛如是修
제불여시수

知以一故衆
지이일고중

諸法無所依
제법무소의

無能作所作
무능작소작

云何知如是
운하지여시

是故名爲佛
시고명위불

了此名覺法
요차명각법

一法不可得
일법불가득

知以衆故一
지이중고일

但從和合起
단종화합기

唯從業想生
유종업상생

異此無有故
이차무유고

一切法無住 定處不可得 (일체법무주 정처불가득)
諸佛住於此 究竟不動搖 (제불주어차 구경부동요)
爾時無上慧 菩薩承佛威 (이시무상혜 보살승불위)
力普觀十方 而說頌言 (력보시방 이설송언)
無上摩訶薩 遠離衆生想 (무상마하살 원리중생상)
無有能過者 故號爲無上 (무유능과자 고호위무상)
諸佛所得處 無作無分別 (제불소득처 무작무분별)

麤者無所有 (추자무소유)
諸佛所行境 (제불소행경)
正覺遠離數 (정각원리수)
如來光普照 (여래광보조)
是光非有照 (시광비유조)
於法無所著 (어법무소착)
無住無處所 (무주무처소)

微細亦復然 (미세역부연)
於中無有數 (어중무유수)
此是佛眞法 (차시불진법)
滅除衆暗冥 (멸제중암명)
亦復非無照 (역부비무조)
無念亦無染 (무념역무염)
不壞於法性 (불괴어법성)

此中無有二 차중무유이
大智善見者 대지선견자
無中無有二 무중무유이
三界一切空 삼계일체공
凡夫無覺解 범부무각해
諸法無所住 제법무소주
非身而說身 비신이설신

亦復無有一 역부무유일
如理巧安住 여리교안주
無二亦復無 무이역부무
是則諸佛見 시즉제불견
佛令住正法 불령주정법
悟此見自身 오차견자신
非起而現起 비기이현기

無身亦無見 (무신역무견)
如是實慧說 (여시실혜설)
若聞此法者 (약문차법자)
爾時堅固 (이시견고)
力普觀十方 (력보관시방)
偉哉大光明 (위재대광명)
爲利群迷故 (위리군미고)

慧 (혜)
而 (이)

是佛無上身 (시불무상신)
諸佛妙法性 (제불묘법성)
當得淸淨眼 (당득청정안)
菩薩承佛威 (보살승불위)
說頌言 (설송언)
勇健無上士 (용건무상사)
而興於世間 (이흥어세간)

佛以大悲心 (불이대비심)
見在三有中 (견재삼유중)
唯除正等覺 (유제정등각)
一切諸天人 (일체제천인)
若佛菩薩等 (약불보살등)
無有一衆生 (무유일중생)
如來等正覺 (여래등정각)

普觀諸衆生 (보관제중생)
輪迴受衆苦 (윤회수중고)
具德尊導師 (구덕존도사)
無能救護者 (무능구호자)
不出於世間 (불출어세간)
而能得安樂 (이능득안락)
及諸賢聖衆 (급제현성중)

사경의 공덕은 십만억 부처님께 공양한 것과 같은 공덕이 있습니다.

出(출)現(현)於(어)世(세)間(간)
若(약)見(견)如(여)來(래)者(자)
聞(문)佛(불)名(명)生(생)信(신)
我(아)等(등)見(견)世(세)尊(존)
聞(문)如(여)是(시)妙(묘)法(법)
諸(제)菩(보)薩(살)過(과)去(거)
得(득)淸(청)淨(정)慧(혜)眼(안)

能(능)與(여)衆(중)生(생)樂(락)
爲(위)得(득)大(대)善(선)利(리)
則(즉)是(시)世(세)間(간)塔(탑)
爲(위)得(득)大(대)利(리)益(익)
悉(실)當(당)成(성)佛(불)道(도)
以(이)佛(불)威(위)神(신)力(력)
了(요)諸(제)佛(불)境(경)界(계)

今(금)見(견)盧(로)舍(사)那(나)
佛(불)智(지)無(무)邊(변)際(제)
勝(승)慧(혜)等(등)菩(보)薩(살)
無(무)數(수)億(억)劫(겁)中(중)

重(중)增(증)淸(청)淨(정)信(신)
演(연)說(설)不(불)可(가)盡(진)
及(급)我(아)堅(견)固(고)慧(혜)
說(설)亦(역)不(불)能(능)盡(진)

十(십)住(주)品(품)第(제)十(십)五(오)

爾(이)時(시)法(법)慧(혜)菩(보)薩(살)承(승)佛(불)威(위)力(력)

無 무	善 선	現 현	諸 제	世 세	昧 매	入 입
量 량	哉 재	其 기	佛 불	界 계	力 력	菩 보
方 방	善 선	前 전	皆 개	之 지	十 시	薩 살
便 편	男 남	告 고	同 동	外 외	方 방	無 무
三 삼	子 자	法 법	一 일	有 유	各 각	量 량
昧 매	汝 여	慧 혜	號 호	千 천	千 천	方 방
善 선	能 능	菩 보	名 명	佛 불	佛 불	便 편
男 남	入 입	薩 살	曰 왈	刹 찰	刹 찰	三 삼
子 자	是 시	言 언	法 법	微 미	微 미	昧 매
十 시	菩 보	善 선	慧 혜	塵 진	塵 진	以 이
方 방	薩 살	哉 재	普 보	數 수	數 수	三 삼

사경의 공덕은 십만억 부처님께 공양한 것과 같은 공덕이 있습니다.

各(각) 千(천) 佛(불) 刹(찰) 微(미) 塵(진) 數(수) 諸(제) 佛(불) 悉(실) 以(이)
神(신) 力(력) 共(공) 加(가) 於(어) 汝(여) 又(우) 是(시) 毘(비) 盧(로) 遮(자)
那(나) 如(여) 來(래) 往(왕) 昔(석) 願(원) 力(력) 威(위) 神(신) 之(지) 力(력)
及(급) 汝(여) 所(소) 修(수) 善(선) 根(근) 力(력) 故(고) 入(입) 此(차) 三(삼)
昧(매) 令(령) 汝(여) 說(설) 法(법) 爲(위) 增(증) 長(장) 佛(불) 智(지) 故(고)
深(심) 入(입) 法(법) 界(계) 故(고) 善(선) 了(료) 衆(중) 生(생) 界(계) 故(고)
所(소) 入(입) 無(무) 礙(애) 故(고) 所(소) 行(행) 無(무) 障(장) 故(고) 得(득)

無等方便故入一切智性故
무등방편고입일체지성고

覺一切法故知一切根故能
각일체법고지일체근고능

持說一切法故所謂發起諸
지설일체법고소위발기제

菩薩十種住善男子汝當承
보살십종주선남자여당승

佛威神之力而演此法
불위신지력이연차법

是時諸佛卽與法慧菩薩
시시제불즉여법혜보살

無礙智無著智無斷智無癡
무애지무착지무단지무치

智(지) 無(무) 異(이) 智(지) 無(무) 失(실) 智(지) 無(무) 量(량) 智(지) 無(무)
勝(승) 智(지) 無(무) 懈(해) 智(지) 無(무) 奪(탈) 智(지) 何(하) 以(이) 故(고)
此(차) 三(삼) 昧(매) 力(력) 法(법) 如(여) 是(시) 故(고) 是(시) 時(시) 諸(제)
佛(불) 各(각) 申(신) 右(우) 手(수) 摩(마) 法(법) 慧(혜) 菩(보) 薩(살) 頂(정)
法(법) 慧(혜) 菩(보) 薩(살) 卽(즉) 從(종) 定(정) 起(기) 告(고) 諸(제) 菩(보)
薩(살) 言(언)
佛(불) 子(자) 菩(보) 薩(살) 住(주) 處(처) 廣(광) 大(대) 與(여) 法(법)

足 족	住 주	今 금	去 거		諸 제	界 계
方 방	治 치	說 설	未 미	諸 제	佛 불	虛 허
便 편	地 지	何 하	來 래	佛 불	家 가	空 공
住 주	住 주	者 자	現 현	子 자	彼 피	等 등
正 정	修 수	爲 위	在 재	菩 보	菩 보	佛 불
心 심	行 행	十 십	諸 제	薩 살	薩 살	子 자
住 주	住 주	所 소	佛 불	住 주	住 주	菩 보
不 불	生 생	謂 위	已 이	有 유	我 아	薩 살
退 퇴	貴 귀	初 초	說 설	十 십	今 금	住 주
住 주	住 주	發 발	當 당	種 종	當 당	三 삼
童 동	具 구	心 심	說 설	過 과	說 설	世 세

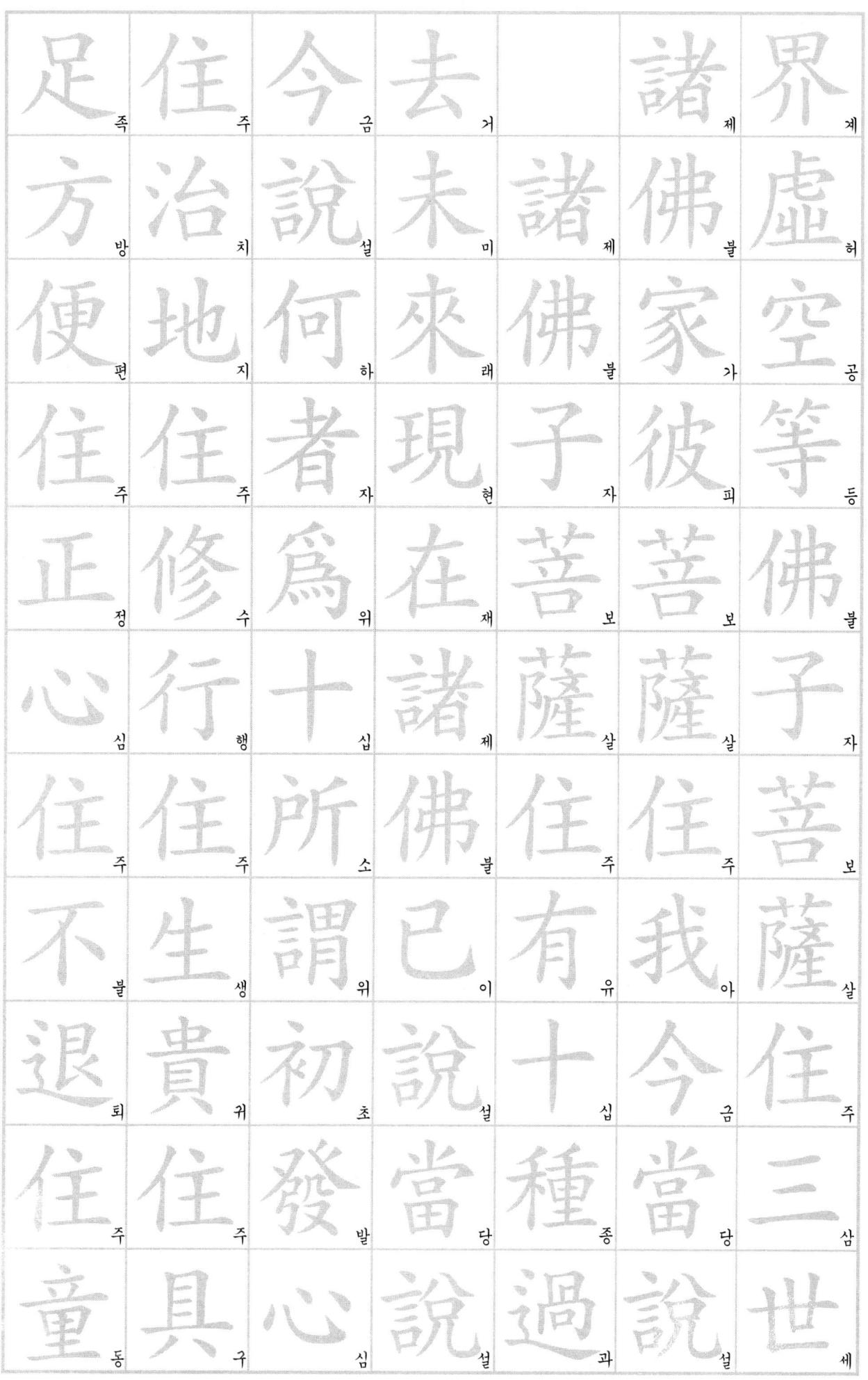

眞住法王子住灌頂住是名
진주법왕자주관정주시명

菩薩十住去來現在諸佛所
보살십주거래현재제불소

說
설

佛子云何爲菩薩發心住
불자운하위보살발심주

此菩薩見佛世尊形貌端嚴
차보살견불세존형모단엄

色相圓滿人所樂見難可値
색상원만인소락견난가치

遇有大威力或見神足或聞
우유대위력혹견신족혹문

記(기)別(별)或(혹)聽(청)敎(교)誡(계)或(혹)見(견)衆(중)生(생)受(수)
諸(제)劇(극)苦(고)或(혹)聞(문)如(여)來(래)廣(광)大(대)佛(불)法(법)
發(발)菩(보)提(리)心(심)求(구)一(일)切(체)智(지)此(차)菩(보)薩(살)緣(연)十(십)種(종)難(난)得(득)法(법)而(이)
發(발)於(어)心(심)何(하)者(자)爲(위)十(십)所(소)謂(위)是(시)處(처)
非(비)處(처)智(지)善(선)惡(악)業(업)報(보)智(지)諸(제)根(근)勝(승)
劣(렬)智(지)種(종)種(종)解(해)差(차)別(별)智(지)種(종)種(종)界(계)

差別智一切至處道智諸禪 (차별지일체지처도지제선)
解脫三昧智宿命無礙智天 (해탈삼매지숙명무애지천)
眼無礙智三世漏普盡智是 (안무애지삼세루보진지시)
爲十 (위십)
佛子此菩薩應勸學十法 (불자차보살응권학십법)
何者爲十所謂勤供養佛樂 (하자위십소위근공양불락)
住生死主導世間令除惡業 (주생사주도세간령제악업)

以勝妙法常行教誨歎無上
이승묘법상행교회탄무상

法學佛功德生諸佛前恒蒙
법학불공덕생제불전항몽

攝受方便演說寂靜三昧讚
섭수방편연설적정삼매찬

歎遠離生死輪迴爲苦衆生
탄원리생사윤회위고중생

作歸依處何以故欲令菩薩
작귀의처하이고욕령보살

於佛法中心轉增廣有所聞
어불법중심전증광유소문

法卽自開解不由他教故
법즉자개해불유타교고

佛(불)子(자)云(운)何(하)爲(위)菩(보)薩(살)治(치)地(지)住(주)
此(차)菩(보)薩(살)於(어)諸(제)衆(중)生(생)發(발)十(십)種(종)心(심)
何(하)者(자)爲(위)十(십)所(소)謂(위)利(리)益(익)心(심)大(대)悲(비)
心(심)安(안)樂(락)心(심)安(안)住(주)心(심)憐(연)愍(민)心(심)攝(섭)
受(수)心(심)守(수)護(호)心(심)同(동)己(기)心(심)師(사)心(심)導(도)
師(사)心(심)是(시)爲(위)十(십)佛(불)子(자)此(차)菩(보)薩(살)應(응)
勸(권)學(학)十(십)法(법)何(하)者(자)爲(위)十(십)所(소)謂(위)誦(송)

習多聞虛閑寂靜近善知識 (습다문허한적정근선지식)
發言和悅語必知時心無怯 (발언화열어필지시심무겁)
怖了達於義如法修行遠離 (포료달어의여법수행원리)
愚迷安住不動何以故欲令 (우미안주부동하이고욕령)
菩薩於諸衆生增長大悲 (보살어제중생증장대비)
有所聞法卽自開解不由他 (유소문법즉자개해불유타)
教故 (교고)

佛(불)子(자)云(운)何(하)爲(위)菩(보)薩(살)修(수)行(행)住(주)
此(차)菩(보)薩(살)以(이)十(십)種(종)行(행)觀(관)一(일)切(체)法(법)
何(하)等(등)爲(위)十(십)所(소)謂(위)觀(관)一(일)切(체)法(법)無(무)
常(상)一(일)切(체)法(법)苦(고)一(일)切(체)法(법)空(공)一(일)切(체)
法(법)無(무)我(아)一(일)切(체)法(법)無(무)作(작)一(일)切(체)法(법)
無(무)味(미)一(일)切(체)法(법)不(불)如(여)名(명)一(일)切(체)法(법)
無(무)處(처)所(소)一(일)切(체)法(법)離(리)分(분)別(별)一(일)切(체)

法無堅實是爲十
법 무 견 실 시 위 십

佛子此菩薩應勸學十法
불 자 차 보 살 응 권 학 십 법

何者爲十所謂觀察衆生界
하 자 위 십 소 위 관 찰 중 생 계

法界世界觀察地界水界火
법 계 세 계 관 찰 지 계 수 계 화

界風界觀察欲界色界無色
계 풍 계 관 찰 욕 계 색 계 무 색

界何以故欲令菩薩智慧明
계 하 이 고 욕 령 보 살 지 혜 명

了有所聞法即自開解不由
료 유 소 문 법 즉 자 개 해 불 유

他敎故 (타교고)

佛子云何爲菩薩生貴住 (불자운하위보살생귀주)

此菩薩從聖敎中生成就十 (차보살종성교중생성취십)

法何者爲十所謂永不退轉 (법하자위십소위영불퇴전)

於諸佛所深生淨信善觀察 (어제불소심생정신선관찰)

法了知衆生國土世界業行 (법료지중생국토세계업행)

果報生死涅槃是爲十 (과보생사열반시위십)

사경의 공덕은 십만억 부처님께 공양한 것과 같은 공덕이 있습니다.

佛(불)子(자)此(차)菩(보)薩(살)應(응)勸(권)學(학)十(십)法(법)
何(하)者(자)爲(위)十(십)所(소)謂(위)了(료)知(지)過(과)去(거)未(미)
來(래)現(현)在(재)一(일)切(체)佛(불)法(법)修(수)集(집)過(과)去(거)
未(미)來(래)現(현)在(재)一(일)切(체)佛(불)法(법)圓(원)滿(만)過(과)
去(거)未(미)來(래)現(현)在(재)一(일)切(체)佛(불)法(법)了(료)知(지)
一(일)切(체)諸(제)佛(불)平(평)等(등)何(하)以(이)故(고)欲(욕)令(령)
增(증)進(진)於(어)三(삼)世(세)中(중)心(심)得(득)平(평)等(등)有(유)

所聞法卽自開解不由他教
소문법즉자개해불유타교

故
고

佛子云何爲菩薩具足方
불자운하위보살구족방

便住此菩薩所修善根皆爲
편주차보살소수선근개위

救護一切衆生饒益一切衆
구호일체중생요익일체중

生安樂一切衆生哀愍一切
생안락일체중생애민일체

衆生度脫一切衆生令一切
중생도탈일체중생령일체

衆(중) 生(생) 離(리) 諸(제) 災(재) 難(난) 令(령) 一(일) 切(체) 衆(중) 生(생)

出(출) 生(생) 死(사) 苦(고) 令(령) 一(일) 切(체) 衆(중) 生(생) 發(발) 生(생)

淨(정) 信(신) 令(령) 一(일) 切(체) 衆(중) 生(생) 悉(실) 得(득) 調(조) 伏(복)

令(령) 一(일) 切(체) 衆(중) 生(생) 咸(함) 證(증) 涅(열) 槃(반)

佛(불) 子(자) 此(차) 菩(보) 薩(살) 應(응) 勸(권) 學(학) 十(십) 法(법)

何(하) 者(자) 爲(위) 十(십) 所(소) 謂(위) 知(지) 衆(중) 生(생) 無(무) 邊(변)

知(지) 衆(중) 生(생) 無(무) 量(량) 知(지) 衆(중) 生(생) 無(무) 數(수) 知(지)

사경의 공덕은 십만억 부처님께 공양한 것과 같은 공덕이 있습니다.

衆(중)生(생)不(불)思(사)議(의)知(지)衆(중)生(생)無(무)量(량)色(색)
知(지)衆(중)生(생)不(불)可(가)量(량)知(지)衆(중)生(생)空(공)知(지)
衆(중)生(생)無(무)所(소)作(작)知(지)衆(중)生(생)無(무)所(소)有(유)
知(지)衆(중)生(생)無(무)自(자)性(성)何(하)以(이)故(고)欲(욕)令(령)
其(기)心(심)轉(전)復(부)增(증)勝(승)無(무)所(소)染(염)著(착)有(유)
所(소)聞(문)法(법)卽(즉)自(자)開(개)解(해)不(불)由(유)他(타)敎(교)
故(고)

佛(불) 子(자) 云(운) 何(하) 爲(위) 菩(보) 薩(살) 正(정) 心(심) 住(주)
此(차) 菩(보) 薩(살) 聞(문) 十(십) 種(종) 法(법) 心(심) 定(정) 不(부) 動(동)
何(하) 者(자) 爲(위) 十(십) 所(소) 謂(위) 聞(문) 讚(찬) 佛(불) 毀(훼) 佛(불)
於(어) 佛(불) 法(법) 中(중) 心(심) 定(정) 不(부) 動(동) 聞(문) 讚(찬) 法(법)
毀(훼) 法(법) 於(어) 佛(불) 法(법) 中(중) 心(심) 定(정) 不(부) 動(동) 聞(문)
讚(찬) 菩(보) 薩(살) 毀(훼) 菩(보) 薩(살) 於(어) 佛(불) 法(법) 中(중) 心(심)
定(정) 不(부) 動(동) 聞(문) 讚(찬) 菩(보) 薩(살) 毀(훼) 菩(보) 薩(살) 所(소)

於 어	定 정	衆 중	垢 구	心 심	說 설	行 행
佛 불	不 부	生 생	於 어	定 정	衆 중	法 법
法 법	動 동	易 이	佛 불	不 부	生 생	於 어
中 중	聞 문	度 도	法 법	動 동	有 유	佛 불
心 심	說 설	難 난	中 중	聞 문	量 량	法 법
定 정	法 법	度 도	心 심	說 설	無 무	中 중
不 부	界 계	於 어	定 정	衆 중	量 량	心 심
動 동	有 유	佛 불	不 부	生 생	於 어	定 정
聞 문	量 량	法 법	動 동	有 유	佛 불	不 부
說 설	無 무	中 중	聞 문	垢 구	法 법	動 동
法 법	量 량	心 심	說 설	無 무	中 중	聞 문

界有成有壞於佛法中心定
계유성유괴어불법중심정

不動聞說法界若有若無於
부동문설법계약유약무어

佛法中心定不動是爲十
불법중심정부동시위십

佛子此菩薩應勸學十法
불자차보살응권학십법

何者爲十所謂一切法無相
하자위십소위일체법무상

一切法無體一切法不可修
일체법무체일체법불가수

一切法無所有一切法無眞
일체법무소유일체법무진

사경의 공덕은 십만억 부처님께 공양한 것과 같은 공덕이 있습니다.

實一切法空一切法無性一
切法如幻一切法如夢一切
法無分別何以故欲令其心
轉復增進得不退轉無生法
忍有所聞法卽自開解不由
他教故
佛子云何爲菩薩不退住

사경의 공덕은 십만억 부처님께 공양한 것과 같은 공덕이 있습니다.

此菩薩聞十種法堅固不退 (차보살문십종법견고불퇴)

何者爲十所謂聞有佛無佛 (하자위십소위문유불무불)

於佛法中心不退轉聞有法 (어불법중심불퇴전문유법)

無法於佛法中心不退轉聞 (무법어불법중심불퇴전문)

有菩薩無菩薩於佛法中心 (유보살무보살어불법중심)

不退轉聞有菩薩行無菩薩 (불퇴전문유보살행무보살)

行於佛法中心不退轉聞有 (행어불법중심불퇴전문유)

菩薩修行出離修行不出離
於佛法中心不退轉聞過去
有佛過去無佛於佛法中心
不退轉聞未來佛有佛未來無
佛於佛法中心不退轉聞現
在有佛現在無佛於佛法中
心不退轉聞佛智有佛智盡佛智

無盡於佛法中心不退轉聞
무진어불법중심불퇴전문

三世一相三世非一相於佛
삼세일상삼세비일상어불

法中心不退轉是爲十
법중심불퇴전시위십

佛子此菩薩應勸學十種
불자차보살응권학십종

廣大法何者爲十所謂說一
광대법하자위십소위설일

卽多說多卽一文隨於義義
즉다설다즉일문수어의의

隨於文非有卽有有卽非有
수어문비유즉유유즉비유

無相卽相相卽無相無性卽
性性卽無性何以故欲令增
進於一切法善能出離有所
聞法卽自開解不由他敎故
佛子云何爲菩薩童眞住
此菩薩住十種業何者爲十
所謂身行無失語行無失意

사경의 공덕은 십만억 부처님께 공양한 것과 같은 공덕이 있습니다.

行행 無무 失실 隨수 意의 受수 生생 知지 衆중 生생 種종

種종 欲욕 知지 衆중 生생 種종 種종 解해 知지 衆중 生생

種종 種종 界계 知지 衆중 生생 種종 種종 業업 知지 世세

界계 成성 壞괴 神신 足족 自자 在재 所소 行행 無무 礙애

是시 爲위 十십

佛불 子자 此차 菩보 薩살 應응 勸권 學학 十십 種종

法법 何하 者자 爲위 十십 所소 謂위 知지 一일 切체 佛불

刹(찰) 動(동) 一(일) 切(체) 佛(불) 刹(찰) 持(지) 一(일) 切(체) 佛(불) 刹(찰)
觀(관) 一(일) 切(체) 佛(불) 刹(찰) 詣(예) 一(일) 切(체) 佛(불) 刹(찰) 遊(유)
行(행) 無(무) 數(수) 世(세) 界(계) 領(령) 受(수) 無(무) 數(수) 佛(불) 法(법)
現(현) 變(변) 化(화) 自(자) 在(재) 身(신) 出(출) 廣(광) 大(대) 徧(변) 滿(만)
音(음) 一(일) 刹(찰) 那(나) 中(중) 承(승) 事(사) 供(공) 養(양) 無(무) 數(수)
諸(제) 佛(불) 何(하) 以(이) 故(고) 欲(욕) 令(령) 增(증) 進(진) 於(어) 一(일)
切(체) 法(법) 能(능) 得(득) 善(선) 巧(교) 有(유) 所(소) 聞(문) 法(법) 卽(즉)

自자 開개 解해 不불 由유 他타 教교 故고

佛불 子자 云운 何하 爲위 菩보 薩살 法법 王왕 子자

住주 此차 菩보 薩살 善선 知지 十십 種종 法법 何하 者자

爲위 十십 所소 謂위 善선 知지 諸제 衆중 生생 受수 生생

善선 知지 諸제 煩번 惱뇌 現현 起기 善선 知지 習습 氣기

相상 續속 善선 知지 所소 行행 方방 便편 善선 知지 無무

量량 法법 善선 解해 諸제 威위 儀의 善선 知지 世세 界계

差(차)別(별)善(선)知(지)前(전)際(제)後(후)際(제)事(사)善(선)知(지)
演(연)說(설)世(세)諦(제)善(선)知(지)演(연)說(설)第(제)一(일)義(의)
諦(제)是(시)爲(위)十(십)

佛(불)子(자)此(차)菩(보)薩(살)應(응)勸(권)學(학)十(십)種(종)
法(법)何(하)者(자)爲(위)十(십)所(소)謂(위)法(법)王(왕)處(처)善(선)
巧(교)法(법)王(왕)處(처)軌(궤)度(도)法(법)王(왕)處(처)宮(궁)殿(전)
法(법)王(왕)處(처)趣(취)入(입)法(법)王(왕)處(처)觀(관)察(찰)法(법)

王灌頂法王力持法王無畏
왕관정법왕력지법왕무외

法王宴寢法王讚歎何以故
법왕연침법왕찬탄하이고

欲令增進心無障礙有所聞
욕령증진심무장애유소문

法卽自開解不由他教故
법즉자개해불유타교고

佛子云何爲菩薩灌頂住
불자운하위보살관정주

此菩薩得成就十種智何者
차보살득성취십종지하자

爲十所謂震動無數世界照
위십소위진동무수세계조

耀(요)無(무)數(수)世(세)界(계)住(주)持(지)無(무)數(수)世(세)界(계)
往(왕)詣(예)無(무)數(수)世(세)界(계)嚴(엄)淨(정)無(무)數(수)世(세)
界(계)開(개)示(시)無(무)數(수)眾(중)生(생)觀(관)察(찰)無(무)數(수)
眾(중)生(생)知(지)無(무)數(수)眾(중)生(생)根(근)令(영)無(무)數(수)
眾(중)生(생)趣(취)入(입)令(령)無(무)數(수)眾(중)生(생)調(조)伏(복)
是(시)爲(위)十(십)
佛(불)子(자)此(차)菩(보)薩(살)身(신)及(급)身(신)業(업)神(신)

通(통)變(변)現(현)過(과)去(거)智(지)未(미)來(래)智(지)現(현)在(재)
智(지)成(성)就(취)佛(불)土(토)心(심)境(경)界(계)智(지)境(경)界(계)
皆(개)不(불)可(가)知(지)乃(내)至(지)法(법)王(왕)子(자)菩(보)薩(살)
亦(역)不(불)能(능)知(지)佛(불)子(자)此(차)菩(보)薩(살)應(응)勸(권)
學(학)諸(제)佛(불)十(십)種(종)智(지)何(하)者(자)爲(위)十(십)所(소)
謂(위)三(삼)世(세)智(지)佛(불)法(법)智(지)法(법)界(계)無(무)礙(애)
智(지)法(법)界(계)無(무)邊(변)智(지)充(충)滿(만)一(일)切(체)世(세)

界智普照一切世界智住持
계지보조일체세계지주지

一切世界智知一切衆生智
일체세계지지일체중생지

知一切法智知無邊諸佛智
지일체법지지무변제불지

何以故欲令增長一切種智
하이고욕령증장일체종지

有所聞法卽自開解不由他
유소문법즉자개해불유타

教故
교고

爾時佛神力故十方各一
이시불신력고시방각일

天 천	末 말	擊 격	徧 변	起 기	動 동	萬 만
寶 보	香 향	徧 변	震 진	等 등	所 소	佛 불
雲 운	天 천	擊 격	等 등	徧 변	謂 위	剎 찰
天 천	華 화	等 등	徧 변	起 기	動 동	微 미
莊 장	鬘 만	徧 변	震 진	涌 용	徧 변	塵 진
嚴 엄	天 천	擊 격	吼 후	徧 변	動 동	數 수
具 구	雜 잡	雨 우	徧 변	涌 용	等 등	世 세
天 천	香 향	天 천	吼 후	等 등	徧 변	界 계
諸 제	天 천	妙 묘	等 등	徧 변	動 동	六 육
音 음	寶 보	華 화	徧 변	涌 용	起 기	種 종
樂 악	衣 의	天 천	吼 후	震 진	徧 변	震 진

不鼓自鳴放天光明及妙音
불고자명방천광명급묘음

聲如此四天下須彌山頂帝
성여차사천하수미산정제

釋殿上說十住法現諸神變
석전상설십주법현제신변

十方所有一切世界悉亦如
시방소유일체세계실역여

是又以佛神力故十方各過
시우이불신력고시방각과

一萬佛刹微塵數世界有十
일만불찰미진수세계유십

佛刹微塵數菩薩來詣於此
불찰미진수보살래예어차

사경의 공덕은 십만억 부처님께 공양한 것과 같은 공덕이 있습니다.

充滿十方作如是言善哉善
충만시방작여시언선재선

哉佛子善說此法我等諸人
재불자선설차법아등제인

同名法慧所從來國同名法
동명법혜소종래국동명법

雲彼土如來皆名妙法我等
운피토여래개명묘법아등

佛所亦說十住衆會眷屬文
불소역설십주중회권속문

句義理悉亦如是無有增減
구의리실역여시무유증감

佛子我等承佛神力來入此
불자아등승불신력래입차

會爲汝作證如於此會十方
회위여작증여어차회시방

所有一切世界悉亦如是
소유일체세계실역여시

爾時法慧菩薩承佛威力
이시법혜보살승불위력

觀察十方曁于法界而說頌
관찰시방기우법계이설송

曰
왈

見最勝智微妙身
견최승지미묘신

相好端嚴皆具足
상호단엄개구족

사경의 공덕은 십만억 부처님께 공양한 것과 같은 공덕이 있습니다.

如是尊重甚難遇
여시존중심난우

菩薩勇猛初發心
보살용맹초발심

見無等比大神通
견무등비대신통

聞說記心及教誡
문설기심급교계

諸趣衆生無量苦
제취중생무량고

菩薩以此初發心
보살이차초발심

聞諸如來普勝尊
문제여래보승존

사경의 공덕은 십만억 부처님께 공양한 것과 같은 공덕이 있습니다.

一切功德皆成就 (일체공덕개성취)
譬如虛空不分別 (비여허공불분별)
菩薩以此初發心 (보살이차초발심)
三世因果名爲處 (삼세인과명위처)
我等自性爲非處 (아등자성위비처)
欲悉了知眞實義 (욕실료지진실의)
菩薩以此初發心 (보살이차초발심)

過去未來現在世
과거미래현재세

所有一切善惡業
소유일체선악업

欲悉了知無不盡
욕실료지무부진

菩薩以此初發心
보살이차초발심

諸禪解脫及三昧
제선해탈급삼매

雜染淸淨無量種
잡염청정무량종

欲悉了知入住出
욕실료지입주출

菩薩以此初發心 (보살이차초발심)
隨諸衆生根利鈍 (수제중생근리둔)
如是種種精進力 (여시종종정진력)
欲悉了達分別知 (욕실료달분별지)
菩薩以此初發心 (보살이차초발심)
一切衆生種種解 (일체중생종종해)
心所好樂各差別 (심소호락각차별)

如是無量欲悉知
여 시 무 량 욕 실 지

菩薩以此初發心
보 살 이 차 초 발 심

衆生諸界各差別
중 생 제 계 각 차 별

一切世間無有量
일 체 세 간 무 유 량

欲悉了知其體性
욕 실 료 지 기 체 성

菩薩以此初發心
보 살 이 차 초 발 심

一切有爲諸行道
일 체 유 위 제 행 도

一一皆有所至處
일일개유소지처

悉欲了知其實性
실욕료지기실성

菩薩以此初發心
보살이차초발심

一切世界諸衆生
일체세계제중생

隨業漂流無暫息
수업표류무잠식

欲得天眼皆明見
욕득천안개명견

菩薩以此初發心
보살이차초발심

過去世中曾所有 (과거세중증소유)
如是體性如是相 (여시체성여시상)
欲悉了知其宿住 (욕실료지기숙주)
菩薩以此初發心 (보살이차초발심)
一切衆生諸結惑 (일체중생제결혹)
相續現起及習氣 (상속현기급습기)
欲悉了知究竟盡 (욕실료지구경진)

菩薩以此初發心 (보살이차초발심)

隨諸衆生所安立 (수제중생소안립)

種種談論語言道 (종종담론어언도)

如其世諦悉欲知 (여기세제실욕지)

菩薩以此初發心 (보살이차초발심)

一切諸法離言說 (일체제법리언설)

性空寂滅無所作 (성공적멸무소작)

欲悉明達此眞義
욕실명달차진의

菩薩以此初發心
보살이차초발심

欲悉震動十方國
욕실진동시방국

傾覆一切諸大海
경부일체제대해

具足諸佛大神通
구족제불대신통

菩薩以此初發心
보살이차초발심

欲一毛孔放光明
욕일모공방광명

普照十方無量土
보조시방무량토

一一光中覺一切
일일광중각일체

菩薩以此初發心
보살이차초발심

欲以難思諸佛刹
욕이난사제불찰

悉置掌中而不動
실치장중이부동

了知一切如幻化
요지일체여환화

菩薩以此初發心
보살이차초발심

欲以無量刹衆生 (욕이무량찰중생)
置一毛端不迫隘 (치일모단불박애)
悉知無人無有我 (실지무인무유아)
菩薩以此初發心 (보살이차초발심)
欲以一毛滴海水 (욕이일모적해수)
一切大海悉令竭 (일체대해실령갈)
而悉分別知其數 (이실분별지기수)

菩薩以此初發心
보살이차초발심

不可思議諸國土
불가사의제국토

盡抹爲塵無遺者
진말위진무유자

欲悉分別知其數
욕실분별지기수

菩薩以此初發心
보살이차초발심

過去未來無量劫
과거미래무량겁

一切世間成壞相
일체세간성괴상

欲悉了達窮其際 (욕실료달궁기제)

菩薩以此初發心 (보살이차초발심)

三世所有諸如來 (삼세소유제여래)

一切獨覺及聲聞 (일체독각급성문)

欲知其法盡無餘 (욕지기법진무여)

菩薩以此初發心 (보살이차초발심)

無量無邊諸世界 (무량무변제세계)

欲以一毛悉稱擧 (욕이일모실칭거)
如其體相悉了知 (여기체상실료지)
菩薩以此初發心 (보살이차초발심)
無量無數輪圍山 (무량무수륜위산)
欲令悉入毛孔中 (욕령실입모공중)
如其大小皆得知 (여기대소개득지)
菩薩以此初發心 (보살이차초발심)

欲以寂靜一妙音 (욕이적정일묘음)
普應十方隨類演 (보응시방수류연)
如是皆令淨明了 (여시개령정명료)
菩薩以此初發心 (보살이차초발심)
一切衆生語言法 (일체중생어언법)
一言演說無不盡 (일언연설무부진)
悉欲了知其自性 (실욕료지기자성)

菩薩以此初發心
보살이차초발심

世間言音靡不作
세간언음미부작

悉令其解證寂滅
실령기해증적멸

欲得如是妙舌根
욕득여시묘설근

菩薩以此初發心
보살이차초발심

欲使十方諸世界
욕사시방제세계

有成壞相皆得見
유성괴상개득견

사경의 공덕은 십만억 부처님께 공양한 것과 같은 공덕이 있습니다.

而悉知從分別生
菩薩以此初發心
一切十方諸世界
無量如來悉充滿
欲悉了知彼佛法
菩薩以此初發心
種種變化無量身

一切世界微塵等
일체세계미진등

欲悉了達從心起
욕실료달종심기

菩薩以此初發心
보살이차초발심

過去未來現在世
과거미래현재세

無量無數諸如來
무량무수제여래

欲於一念悉了知
욕어일념실료지

菩薩以此初發心
보살이차초발심

欲具演說一句法 (욕구연설일구법)
阿僧祇劫無有盡 (아승지겁무유진)
而令文義各不同 (이령문의각부동)
菩薩以此初發心 (보살이차초발심)
十方一切諸衆生 (시방일체제중생)
隨其流轉生滅相 (수기류전생멸상)
欲於一念皆明達 (욕어일념개명달)

菩薩以此初發心 (보살이차초발심)
欲以身語及意業 (욕이신어급의업)
普詣十方無所礙 (보예시방무소애)
了知三世皆空寂 (요지삼세개공적)
菩薩以此初發心 (보살이차초발심)
菩薩如是發心已 (보살여시발심이)
應令往詣十方國 (응령왕예시방국)

恭敬供養諸如來 (공경공양제여래)
以此使其無退轉 (이차사기무퇴전)
菩薩勇猛求佛道 (보살용맹구불도)
住於生死不疲厭 (주어생사불피염)
爲彼稱歎使順行 (위피칭탄사순행)
如是令其無退轉 (여시령기무퇴전)
十方世界無量刹 (시방세계무량찰)

悉在其中作尊主 (실재기중작존주)
爲諸菩薩如是說 (위제보살여시설)
以此令其無退轉 (이차령기무퇴전)
最勝最上最第一 (최승최상최제일)
甚深微妙淸淨法 (심심미묘청정법)
勸諸菩薩說與人 (권제보살설여인)
如是教令離煩惱 (여시교령리번뇌)

一切世間無與等
일체세간무여등

不可傾動摧伏處
불가경동최복처

爲彼菩薩常稱讚
위피보살상칭찬

如是教令不退轉
여시교령불퇴전

佛是世間大力主
불시세간대력주

具足一切諸功德
구족일체제공덕

令諸菩薩住是中
영제보살주시중

以此教爲勝丈夫
이 차 교 위 승 장 부

無量無邊諸佛所
무 량 무 변 제 불 소

悉得往詣而親近
실 득 왕 예 이 친 근

常爲諸佛所攝受
상 위 제 불 소 섭 수

如是教令不退轉
여 시 교 령 불 퇴 전

所有寂靜諸三昧
소 유 적 정 제 삼 매

悉皆演暢無有餘
실 개 연 창 무 유 여

爲彼菩薩如是說
위피보살여시설

以此令其不退轉
이차령기불퇴전

摧滅諸有生死輪
최멸제유생사륜

轉於淸淨妙法輪
전어청정묘법륜

一切世間無所著
일체세간무소착

爲諸菩薩如是說
위제보살여시설

一切衆生墮惡道
일체중생타악도

사경의 공덕은 십만억 부처님께 공양한 것과 같은 공덕이 있습니다.

無量重苦所纏迫 (무량중고소전박)
與作救護歸依處 (여작구호귀의처)
爲諸菩薩如是說 (위제보살여시설)
此是菩薩發心住 (차시보살발심주)
一向志求無上道 (일향지구무상도)
如我所說教誨法 (여아소설교회법)
一切諸佛亦如是 (일체제불역여시)

사경의 공덕은 십만억 부처님께 공양한 것과 같은 공덕이 있습니다.

第二治地住菩薩
제이치지주보살

應當發起如是心
응당발기여시심

十方一切諸衆生
시방일체제중생

願使悉順如來教
원사실순여래교

利益大悲安樂心
이익대비안락심

安住憐愍攝受心
안주연민섭수심

守護衆生同己心
수호중생동기심

師心及以導師心
사심급이도사심

已住如是勝妙心
이주여시승묘심

次令誦習求多聞
차령송습구다문

常樂寂靜正思惟
상락적정정사유

親近一切善知識
친근일체선지식

發言和悅離麤獷
발언화열리추광

言必知時無所畏
언필지시무소외

了達於義如法行 (요달어의여법행)
遠離愚迷心不動 (원리우미심부동)
此是初學菩提行 (차시초학보리행)
能行此行眞佛子 (능행차행진불자)
我今說彼所應行 (아금설피소응행)
如是佛子應勤學 (여시불자응근학)
第三菩薩修行住 (제삼보살수행주)

當依佛教勤觀察
당의불교근관찰

諸法無常苦及空
제법무상고급공

無有我人無動作
무유아인무동작

一切諸法不可樂
일체제법불가락

無如名字無處所
무여명자무처소

無所分別無眞實
무소분별무진실

如是觀者名菩薩
여시관자명보살

次令觀察衆生界
차 령 관 찰 중 생 계

及以勸觀於法界
급 이 권 관 어 법 계

世界差別盡無餘
세 계 차 별 진 무 여

於彼咸應勸觀察
어 피 함 응 권 관 찰

十方世界及虛空
시 방 세 계 급 허 공

所有地水與火風
소 유 지 수 여 화 풍

欲界色界無色界
욕 계 색 계 무 색 계

悉勸觀察咸令盡 (실권관찰함령진)
觀察彼界各差別 (관찰피계각차별)
及其體性咸究竟 (급기체성함구경)
得如是教勤修行 (득여시교근수행)
此則名爲眞佛子 (차즉명위진불자)
第四生貴住菩薩 (제사생귀주보살)
從諸聖教而出生 (종제성교이출생)

了達諸有無所有
요달제유무소유

超過彼法生法界
초과피법생법계

信佛堅固不可壞
신불견고불가괴

觀法寂滅心安住
관법적멸심안주

隨諸衆生悉了知
수제중생실요지

體性虛妄無眞實
체성허망무진실

世間刹土業及報
세간찰토업급보

生死涅槃悉如是
생사열반실여시

佛子於法如是觀
불자어법여시관

從佛親生名佛子
종불친생명불자

過去未來現在世
과거미래현재세

其中所有諸佛法
기중소유제불법

了知積集及圓滿
요지적집급원만

如是修學令究竟
여시수학령구경

三世一切諸如來 (삼세일체제여래)
能隨觀察悉平等 (능수관찰실평등)
種種差別不可得 (종종차별불가득)
如是觀者達三世 (여시관자달삼세)
如我稱揚讚歎者 (여아칭양찬탄자)
此是四住諸功德 (차시사주제공덕)
若能依法勤修行 (약능의법근수행)

速成無上佛菩提
속성무상불보리

從此第五諸菩薩
종차제오제보살

說名具足方便住
설명구족방편주

深入無量巧方便
심입무량교방편

發心究竟功德業
발심구경공덕업

菩薩所修衆福德
보살소수중복덕

皆爲救護諸群生
개위구호제군생

專心利益與安樂 (전심리익여안락)
一向哀愍令度脫 (일향애민령도탈)
爲一切世除衆難 (위일체세제중난)
引出諸有令歡喜 (인출제유령환희)
一一調伏無所遺 (일일조복무소유)
皆令具德向涅槃 (개령구덕향열반)
一切衆生無有邊 (일체중생무유변)

無量無數不思議 (무량무수불사의)
及以不可稱量等 (급이불가칭량등)
聽受如來如是法 (청수여래여시법)
此第五住眞佛子 (차제오주진불자)
成就方便度衆生 (성취방편도중생)
一切功德大智尊 (일체공덕대지존)
以如是法而開示 (이여시법이개시)

第六正心圓滿住
제륙정심원만주

於法自性無迷惑
어법자성무미혹

正念思惟離分別
정념사유리분별

一切天人莫能動
일체천인막능동

聞讚毁佛與佛法
문찬훼불여불법

菩薩及以所行行
보살급이소행행

衆生有量若無量
중생유량약무량

有垢無垢難易度
유구무구난이도

法界大小及成壞
법계대소급성괴

若有若無心不動
약유약무심부동

過去未來今現在
과거미래금현재

諦念思惟恒決定
체념사유항결정

一切諸法皆無相
일체제법개무상

無體無性空無實
무체무성공무실

如幻如夢離分別
여환여몽리분별

常樂聽聞如是義
상락청문여시의

第七不退轉菩薩
제칠불퇴전보살

於佛及法菩薩行
어불급법보행

若有若無出不出
약유약무출불출

雖聞是說無退轉
수문시설무퇴전

過去未來現在世
과거미래현재세

一(일)切(체)諸(제)佛(불)有(유)以(이)無(무)

佛(불)智(지)有(유)盡(진)或(혹)無(무)盡(진)

三(삼)世(세)一(일)相(상)種(종)種(종)相(상)

一(일)卽(즉)是(시)多(다)多(다)卽(즉)一(일)

文(문)隨(수)於(어)義(의)義(의)隨(수)文(문)

如(여)是(시)一(일)切(체)展(전)轉(전)成(성)

此(차)不(불)退(퇴)人(인)應(응)爲(위)說(설)

若法有相及無相
약법유상급무상

若法有性及無性
약법유성급무성

種種差別互相屬
종종차별호상속

此人聞已得究竟
차인문이득구경

第八菩薩童眞住
제팔보살동진주

身語意行皆具足
신어의행개구족

一切淸淨無諸失
일체청정무제실

隨意受生得自在
수의수생득자재

知諸衆生心所樂
지제중생심소락

種種意解各差別
종종의해각차별

及其所有一切法
급기소유일체법

十方國土成壞相
시방국토성괴상

逮得速疾妙神通
체득속질묘신통

一切處中隨念往
일체처중수념왕

於諸佛所聽聞法
어제불소청문법

讚歎修行無懈倦
찬탄수행무해권

了知一切諸佛國
요지일체제불국

震動加持亦觀察
진동가지역관찰

超過佛土不可量
초과불토불가량

遊行世界無邊數
유행세계무변수

阿僧祇法悉諮問
아승기법실자문

所欲受身皆自在 (소욕수신개자재)
言音善巧靡不充 (언음선교미불충)
諸佛無數咸承事 (제불무수함승사)
第九菩薩王子住 (제구보살왕자주)
能見衆生受生別 (능견중생수생별)
煩惱現習靡不知 (번뇌현습미부지)
所行方便皆善了 (소행방편개선료)

諸法各異威儀別
제법각이위의별

世界不同前後際
세계부동전후제

如其世俗第一義
여기세속제일의

悉善了知無有餘
실선료지무유여

法王善巧安立處
법왕선교안립처

隨其處所所有法
수기처소소유법

法王宮殿若趣入
법왕궁전약취입

及(급)以(이)於(어)中(중)所(소)觀(관)見(견)
法(법)王(왕)所(소)有(유)灌(관)頂(정)法(법)
神(신)力(력)加(가)持(지)無(무)怯(겁)畏(외)
宴(연)寢(침)宮(궁)室(실)及(급)歎(탄)譽(예)
以(이)此(차)教(교)詔(조)法(법)王(왕)子(자)
如(여)是(시)爲(위)說(설)靡(미)不(부)盡(진)
而(이)令(령)其(기)心(심)無(무)所(소)著(착)

於此了知修正念 (어차료지수정념)
一切諸佛現其前 (일체제불현기전)
第十灌頂眞佛子 (제십관정진불자)
成滿最上第一法 (성만최상제일법)
十方無數諸世界 (시방무수제세계)
悉能震動光普照 (실능진동광보조)
住持往詣亦無餘 (주지왕예역무여)

清淨莊嚴皆具足 (청정장엄개구족)
開示衆生無有數 (개시중생무유수)
觀察知根悉能盡 (관찰지근실능진)
發心調伏亦無邊 (발심조복역무변)
咸令趣向大菩提 (함령취향대보리)
一切法界咸觀察 (일체법계함관찰)
十方國土皆往詣 (시방국토개왕예)

其中身及身所作
기중신급신소작

神通變現難可測
신통변현난가측

三世佛土諸境界
삼세불토제경계

乃至王子無能了
내지왕자무능료

一切見者三世智
일체견자삼세지

於諸佛法明了智
어제불법명료지

法界無礙無邊智
법계무애무변지

充滿一切世界智
충만일체세계지

照耀世界住持智
조요세계주지지

了知衆生諸法智
요지중생제법지

及知正覺無邊智
급지정각무변지

如來爲說咸令盡
여래위설함령진

如是十住諸菩薩
여시십주제보살

皆從如來法化生
개종여래법화생

隨其所有功德行
수기소유공덕행

一切天人莫能測
일체천인막능측

過去未來現在世
과거미래현재세

發心求佛無有邊
발심구불무유변

十方國土皆充滿
시방국토개충만

莫不當成一切智
막부당성일체지

一切國土無邊際
일체국토무변제

世界衆生法亦然 (세계중생법역연)
惑業心樂各差別 (혹업심락각차별)
依彼而發菩提意 (의피이발보리의)
始求佛道一念心 (시구불도일념심)
世間衆生及二乘 (세간중생급이승)
斯等尙亦不能知 (사등상역불능지)
何況所餘功德行 (하황소여공덕행)

十方所有諸世界
시방소유제세계

能以一毛悉稱擧
능이일모실칭거

彼人能知此佛子
피인능지차불자

趣向如來智慧行
취향여래지혜행

十方所有諸大海
시방소유제대해

悉以毛端滴令盡
실이모단적령진

彼人能知此佛子
피인능지차불자

사경의 공덕은 십만억 부처님께 공양한 것과 같은 공덕이 있습니다.

一念所修功德行
일념소수공덕행

一切世界抹爲塵
일체세계말위진

悉能分別知其數
실능분별지기수

如是之人乃能見
여시지인내능견

此諸菩薩所行道
차제보살소행도

去來現在十方佛
거래현재시방불

一切獨覺及聲聞
일체독각급성문

사경의 공덕은 십만억 부처님께 공양한 것과 같은 공덕이 있습니다.

悉以種種妙辯才 (실이종종묘변재)
開示初發菩提心 (개시초발보리심)
發心功德不可量 (발심공덕불가량)
充滿一切衆生界 (충만일체중생계)
衆智共說無能盡 (중지공설무능진)
何況所餘諸妙行 (하황소여제묘행)

發 願 文

귀의 삼보하옵고
거룩하신 부처님께 발원하옵나이다.

주　　소 :

전　　화 :　　　　　　　　　불 명 :　　　　성 명 :

불기 25　　　　년　　　　월　　　　일